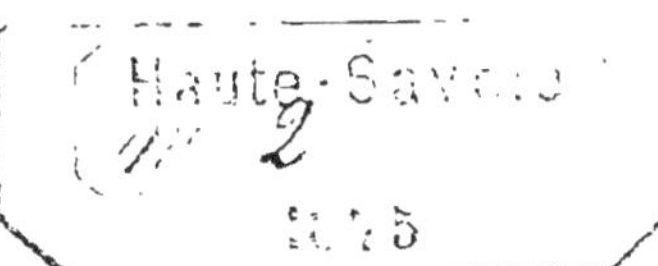

ALLOCUTION

PRONONCÉE A L'OCCASION DU MARIAGE

DE

MONSIEUR FRANÇOIS BERTIER, DOCTEUR-MÉDECIN
AVEC MADEMOISELLE MARIE DÉGAILLON

ET DE CELUI DE

MONSIEUR ANTOINE RUMILLY
AVEC MADEMOISELLE ÉLISABETH BERTIER

Célébrés en l'église paroissiale d'Aix-les-Bains le 22 décembre 1874

PAR

M. L'ABBÉ PAVY

ARCHIPRÊTRE-CURÉ D'AIX-LES-BAINS

ANNECY
IMPRIMERIE AIMÉ PERRISSIN ET Cie

1875

Mes frères, tout est admirable dans notre religion ! Elle ennoblit les destinées de l'homme, et embellit, en les sanctifiant, toutes les époques de sa vie. Du berceau à la tombe, Dieu le protége, et, dans les situations graves et solennelles, un sacrement particulier l'aide et le soutient. Celui que vous allez recevoir, jeunes fiancés, est un des plus augustes, et il est le plus ancien de tous, car il remonte à l'origine du monde. L'unité, l'indissolubilité du mariage, et la bénédiction dont Dieu l'a consacré, ont survécu à la chute originelle. Le Sauveur l'a sanctionné en assistant aux heureuses noces de Cana ; il en a fait une institution sainte et divine, en l'élevant à la dignité de sacrement.

Oh ! les jours de la jeunesse sont beaux et gracieux ; écoulés à l'ombre tutélaire et bienfaisante de l'affection paternelle et maternelle, ils ont quelque chose de si radieux et de si pur qu'on voudrait les voir durer toujours. Mais telle n'est pas la volonté de la Providence.

Dans la vie humaine comme dans la nature entière, tout change, se modifie, se succède et se transforme. — Or, vous voilà, chers jeunes gens, arrivés à cette époque décisive où la raison, éclairée des sûres lumières de la foi, choisit un état de vie, — où le cœur se fixe, — où les grands devoirs de l'homme et du chrétien se présentent avec leur importance et leur sainteté. — Déjà, sans doute, plus d'une fois, au pied de l'autel, tout près de Dieu, instruits par les enseignements de l'Eglise, et par les sages conseils de vos religieux parents, vous aviez formé dans le recueillement de vos consciences, quelques-unes de ces résolutions qui décident de tout un avenir d'honneur et de vertus, — esquissent les saints de bonne heure, — et tracent à l'âme son itinéraire vers le bien suprême qui est Dieu ; — mais l'heure n'était pas venue de prendre une décision irrévocable, et d'accepter courageusement et joyeusement la responsabilité de deux existences, — de plusieurs autres peut-être.

La voici venue cette heure où, confiants dans l'inspiration et dans l'appui de Dieu dont vous avez attentivement interrogé la volonté, vous allez jeter les fondements d'une nouvelle famille, — d'une famille, ce creuset merveilleux où se forment les grandes âmes ; — d'une famille, ce véritable sanctuaire domestique, — nom symbolique qui en exprime la sainteté et le caractère religieux. — Ce doit être, en effet, le sanctuaire de l'amour pur, du dévouement infatigable, de la patience réciproque, où l'on porte à deux le poids de la vie, et où l'on met en commun, avec la fortune matérielle, la fortune morale, ses lumières, son courage, ses joies, son cœur et tous les trésors de sa foi et de son âme.

Cette tâche est grande, elle est difficile, et, pour la bien remplir, la réunion des meilleurs sentiments et des plus belles qualités de la nature ne saurait suffire. Il faut l'influence du Ciel et la force qui en descend. — Voilà pourquoi la religion intervient dans l'union matrimoniale des enfants de l'Eglise. En célébrant aujourd'hui vos mariages, je suis donc le délégué de l'Eglise et je remplis en son nom un ministère solennel.

Mais, je me hâte de vous le dire, c'est sans appréhension, c'est avec une joie sans mélange que je bénis et consacre cette double alliance, dans laquelle tout me rassure. — Ce n'est pas, en effet, le souffle de passions tumultueuses, ni l'inspiration de calculs mondains qui vous a dirigés, jeunes chrétiens, dans le choix de vos épouses. Vous avez compris que, suivant le langage d'un grand orateur chrétien, l'on hérite de la grâce comme on hérite du sang, quoique à des titres divers ; et que vous serez pour vos enfants ce que pour vous ont été vos aïeux ; — que, selon la famille à laquelle on s'unit, on s'allie à des bénédictions ou à des malédictions, et que la dot la plus sûre n'est pas celle que l'on stipule dans un contrat. Vous avez cherché l'or invisible plutôt que l'or visible ; — vous vous êtes assuré que le sang qui va se mêler au vôtre contient des traditions d'honneur et de vertus, — que la main que vous allez recevoir s'est fréquemment jointe à l'autre main, sa compagne, pour invoquer Dieu dans de ferventes prières, — et que les genoux qui sont ployés devant l'autel, à côté de vous, sont accoutumés à y venir demander au Très Haut la force nécessaire pour marcher vaillamment dans le chemin laborieux du devoir quotidien.

Vous ne vous êtes pas trompés, messieurs : les cœurs qui ont attiré les vôtres n'ont connu que les affections légitimes et saintes ; ils n'ont palpité, avant de vous connaître, que pour leur Dieu et pour leurs parents, auprès de l'autel et du foyer ; — chacune de mes deux jeunes paroissiennes apporte à son fiancé une âme virginale, simple, candide, dans toute la fraîcheur de son innocence et capable des grands sacrifices. Leur préparation à cet acte auguste, préparation si sérieuse, si fervente et pleine ainsi de tant de promesses de bonheur ; la part édifiante qu'y ont prise leurs excellents parents, autorisent la plus ferme espérance et offrent le spectacle le plus consolant au milieu de l'indifférence et du matérialisme contemporains.

Leur piété et leur goût pour la vie de famille ne feront que s'accroître avec leurs nouveaux devoirs. Et si Dieu féconde leur union conjugale, elles porteront dignement la couronne de la maternité, couronne toujours belle, même quand elle est douloureuse.

Car c'est Dieu qui la dépose sur le front de la vertu, en lui communiquant son pouvoir créateur ; — et quand rien n'en flétrit l'éclat, ce diadème de l'épouse mère est plus brillant au front et surtout plus doux au cœur qu'un diadème royal. — Elles sauront être des anges de bon conseil, des messagères de paix ; — la suavité de leur caractère rendra leur piété aimable, séduisante, saintement contagieuse ; — dans la tristesse et aux jours d'épreuve, elles seront la femme forte qui relève et console ; — elles connaîtront la demeure du pauvre, et leur visite, apportant avec elle une bénédiction qui leur sera rendue, source de joie réciproque pour elles et pour l'indigent, sera reçue comme un rayon de soleil dans une nuit sombre.

Au nom des familles de ces deux chères enfants, messieurs et chers amis, je confie à chacun de vous le bonheur de celle qui lui est donnée pour épouse ; car j'ai la certitude qu'elles travailleront au vôtre. N'oubliez jamais que, pour aller à vous, elles renoncent à leur famille et à leur nom. Ce sacrifice de l'épouse impose à l'époux de grands devoirs auxquels j'ai la confiance que vous serez fidèles ; car l'Eglise, en mettant leur main dans votre main et leur âme en votre âme, les a confiées à votre amour, et vous donne la mission de les protéger, de rendre, comme notre divin Sauveur, le joug de votre autorité doux et léger, et, dans une mutuelle édification, de marcher vers le Ciel, appuyés l'un sur l'autre.

Tel est, en effet, le glorieux privilége du

mariage chrétien, qu'il représente l'union du Sauveur avec son Eglise. Comme Jésus-Christ, le fils unique du Père céleste, est descendu du ciel pour s'unir à l'Eglise, ainsi, l'homme quitte son père et sa mère pour s'attacher à sa femme. L'Eglise a été formée de Jésus-Christ, mort sur la croix; la femme a été formée de l'homme durant son sommeil. Jésus-Christ est le chef de son Eglise, la soutient, la dirige et la conduit au Ciel; il ne fait qu'un avec elle, un même esprit les anime; l'époux est le chef de son épouse, il doit être son protecteur et son guide, et lui montrer le chemin du ciel, plus encore par ses exemples que par ses paroles, et comme ils sont deux dans une même chair, un même esprit doit les animer. Jésus-Christ aime tendrement l'Eglise, il l'a aimée jusqu'à mourir pour elle, mais il l'aime en vue de son bonheur éternel, et l'Eglise respecte son divin époux et lui garde une inviolable fidélité. Jésus-Christ et l'Eglise sont inséparablement unis; de même l'époux doit aimer son épouse, mais en vue du salut, et l'épouse doit respecter son époux et lui vouer un inaltérable attachement.

C'est ainsi que Notre-Seigneur, en faisant du mariage un sacrement, l'a rendu l'image et le signe sacré d'un grand mystère, de son union intime et éternelle avec son Eglise, et a voulu qu'il devînt une source de bénédictions spirituelles pour ceux qui le reçoivent avec les dispositions convenables.

Oh! combien je les appelle sur vous ces bénédictions saintes! Combien je suis heureux de vous bénir! Car il n'y a rien de plus doux que de bénir ceux que l'on estime et que l'on aime. Qu'est-ce en effet que bénir? C'est appeler sur des êtres qui nous sont chers, sur leur personne, sur leur avenir, le regard de leur Père céleste, sa protection, sa grâce, sa lumière, sa divine influence, pour rendre leur vie et leurs âmes fécondes en toute sorte de biens. Les familles patriarcales, unies, honorées et prospères qui forment comme la gloire et la base de notre société chancelante, ont été toutes bénies dans quelque Abraham obscur et inconnu, mais juste et plein de foi, tandis que d'autres s'écroulent, tombent et disparaissent, frappées de mort et de stérilité, pour avoir été fondées et avoir voulu subsister en dehors de Dieu et de sa grâce. — C'est donc avec Jésus-Christ et pour ainsi dire avec l'effusion de son cœur que nous allons vous bénir.

Nous bénirons vos jeunes affections, afin qu'elles soient durables et toujours aussi fortes qu'aujourd'hui ; nous bénirons vos joies afin qu'elles soient saintes ; vos peines, afin qu'elles soient sanctifiantes. Nous bénirons ces anneaux, mystérieux emblêmes et symboles de votre fidélité réciproque ; nous bénirons vos vêtements, afin que vous portiez toujours la ceinture de l'innocence et de la sainteté ; nous bénirons vos chaussures, afin que vous soyez prompts et agiles à marcher dans les sentiers paisibles et glorieux de la vertu et à vous détourner des jouissances qui amollissent, énervent et tuent l'âme ; nous bénirons vos mains, afin qu'elles servent d'instruments dociles aux généreuses résolutions de votre cœur, et qu'elles soient trouvées pleines de bonnes œuvres au jour de l'éternelle récompense.

O mon Dieu ! le moment approche : voici l'heure de l'engagement solennel qui, contracté sur la terre, sera ratifié et consacré dans les cieux. Abaissez, Seigneur, votre regard paternel sur ces quatre fiancés : écoutez les prières qui, parties de leurs âmes, s'unissent dans un même désir pour monter jusqu'à vous, vives comme la flamme. Entendez les vœux de ces parents et de ces nombreux amis qui sont venus les entourer comme d'un cercle protecteur ; exaucez, ô mon Dieu, exaucez mes supplications. Je vous les adresse à un double titre, comme votre prêtre et comme leur ami. Faites descendre sur ces quatre jeunes têtes, sur ces destinées, sur ces cœurs amis, avec une divine générosité, toute l'opulente abondance de vos bénédictions célestes. Que ces bénédictions répondent à l'ardeur de nos souhaits, qu'elles les dépassent si c'est possible. O saints anges ! anges gardiens de cette paroisse et de celle d'Yenne, anges de ces trois familles, anges de ces quatre fiancés, soyez à cette fête nuptiale, parfumez-la d'une séraphique émanation de sainteté. Vous êtes témoins des engagements que ces jeunes chrétiens vont contracter, environnez-les toujours de tous les charmes et de tous les ornements de la vertu.

Au nom du Seigneur qui fit si belles et si saintes et entoura de tant de grandeur les unions des Patriarches, je vais prononcer les paroles sacramentelles : ô mes enfants, recueillez-vous, je vais vous unir.

www.ingramcontent.com/pod-product-compliance
Lightning Source LLC
LaVergne TN
LVHW010330230826
846091LV00009B/3803

* 9 7 8 2 0 1 1 2 5 8 5 2 6 *